종자의 자격

심지시선 038

# 종자의 자격

2018년 10월 5일 초판 1쇄 발행

지은이　정진호
펴낸이　윤영진
편　집　함순례
디자인　한천규
펴낸곳　도서출판 심지
등록　제2003-000014호
주소　34570 대전광역시 동구 대전천북로 12
전화　042 635 9942
팩스　042 635 9941
전자우편　simji42@hanmail.net

ⓒ정진호 2018
ISBN 978-89-6627-158-0  03810

* 저자와의 협의에 의해 인지를 생략합니다.

심지시선 0038

# 종자의 자격

정진호 시집

심지

□ 시인의 말

  시인이 되는 것과 시를 쓰는 것은 다르다. 누구나 나만의 시를 쓸 수 있다. 마치 일기를 쓰듯이 순간순간 스치는 감정을 기록으로 남기는 것이 즐거움의 하나가 되었다. 시를 좋아하는 마음이 잠재의식 속 어딘가 꼭꼭 숨겨져 있다가 나왔을까. 그러나 시집 출간을 권유받고는 부끄러웠다. 이게 무슨 시 같으냐 할까? 누군가의 방구석에 처박혀 있다가 먼지 둘러쓴 채 재활용 종이로 버려지는 건 아닐까. 시는 왜 어렵게만 느껴질까. 시집은 왜 인기 없는 책인가? 홀로 고민하다가 남은 생에 더 바짝 시를 당겨오고 싶은 마음 끌어올려 시집을 묶는다. 어머니 살아계셨다면 우리 아들이 세상에서 제일 멋진 시를 썼네, 하실 게 분명하니. 혹시나 시와 거리가 먼 사람들이 나도 시를 써볼까, 자극이 된다면 더할 나위 없으니. 그만하면 됐다.

2018년 가을
정진호

차례

시인의 말　005

제1부
잔치국수 같은 시　013
두유　014
미역국　016
달래꽃 처음 본 날　018
귀리를 볶다가　020
완두콩　021
종자의 자격　022
아비라고　023
살려달라고?　024
해볼까, 무심히　026
꼬막무덤　028
스위치　030
날을 세우는 일　032
울 엄마　034

## 제2부

주소를 옮기다 037
선생님, 저요! 038
항아리 039
돼지감자 040
돼재감자 2 041
철을 잊은 시대 042
결명자를 읽다 044
오월 늦봄 046
샌드위치 패널 048
등 2계 050
친정 엄마 051
고독한 카레라이스 052
동치미 054
벌레먹은 완두콩 새싹처럼 056
고라니 노린재보다 못한 놈 058

제3부

하루 딱 한 통 063
늙은 관사 064
현관문 열어놓고 066
풍화 068
경암 기차길옆 오두막집 070
심천역 071
물메기 072
고등어를 좇아서 073
이런 법이 어딨대유 074
뜸을 들인다는 것 076
오룡역에서 078
어떤 흔적 080
말라야 사는 놈들 082
그만하면 됐다 084
희망 세 알 085

제4부

그놈 참 행복하겠네 089
노각 무침 090
죽기 살기로 걷는 이유 091
봄봄 092
빌려 주세요 094
수건을 개면서 096
오월이 오면 098
고향 100
일기 102
시계는 멈추고 105
양산과 우산 106
빨래집개 107
약속 108
시계 109
꽃무릇 110
결 111

해설 생명적 숨결을 따르는 삶의 지혜들  오철수  113

# 제1부

# 잔치국수 같은 시

내가 어떤 시의 행간을 몰라
겉돌 때마다
잔치국수 같은 시를 쓰고 싶다

면발 뜨거운 물에서 투명하게 바뀌고
시원한 멸치국물에 고명 얹어도
그릇 밑바닥까지 보이는
잔치국수

아무런 갈등 없이
몇 젓가락질 하고 나면
멀건 국물 남은 것까지
후루룩 둘러 마시고
빈 그릇 식탁에
탁! 놓을 수 있는
국수처럼
쉬운 시를 쓰고 싶다

## 두유

평생 처음일 거다
삼시 세 끼 밥상이건
딱 부러지는 명절 상차림이건
끝까지 식구들과 같이
숟가락 놓으시는 걸 보지 못했다

국그릇에 푼 밥
밥상아래 두고
동난 반찬 챙기러 수시로
상머리를 떠나시는 어머니가
안쓰럽고 화도 나서
소리 버럭 질러도 어림없었다

기억을 내려놓고
요양원 침대머리에 기대어
두유 한 곽 씹어서 드신다
물 말아 국 말아 후루룩 드시던 분이
10여 분이나 조심스레 삼키신다

낯 세우러 찾아오는
당신의 자랑거리 막내 선생이
사다준 두유 한 곽

지아비 곁을 떠난 지 한해가 흘렀어도
어머니는 자꾸 집으로 가서야 한다
메주 쑤고 장 담그고
시든 풀줄기 같은 몸 막걸리로 버티며
노가다 일 끝내고 오는 아비 저녁상 차리고
새벽 해장국도 끓여야 한다

어머니의 눈길은
창밖 먼 산발치만 바라본다
아들은 집에 가는 길을 가르쳐주지 않는다

# 미역국

내가 큰소리 칠 수 있는 것은
딱 그것 하나뿐이다
양지머리 반 근 사다가 핏물 빼고
양파 두어 개 무 반 토막
다시마 멸치 마늘 청양초 넣고
그냥 앉아있어도 땀 줄줄 흐르는 한여름에
불과 땀이 범벅된 두 시간의
기다림 끝
뜬 기름 건져내고
불린 미역 넣고 마늘 다져 넣고
멸치 액젓으로 간을 맞춘
아내 생일 미역국 끓이는 것
일 년을 오늘처럼 살지 못하고
평생 술꾼 걱정으로
주름살 늘려준 세월 미안하여
울컥울컥 목 메인 간을 보는 것
미역국 냉면 그릇에 푸고
밥은 몇 숟갈만 담아낸 생일상

딱 그것뿐 인가보다

# 달래꽃 처음 본 날

달래 듬뿍 캐서
무쳐도 먹고 달래장도 해먹는 게
오래된 작은 바람인데
어쩌다 군데군데 몇 뿌리 보이면
줄기만 끊어 먹고
뿌리는 다시 묻어두었는데

송송 썰어 간장 붓고 고춧가루 섞고
깨소금 끼얹어 만든 달래장
구운 김에 따끈한 쌀밥 올리고
건더기 젓가락질하여 한 입 먹으면
봄 향기 상큼해도
뿌리의 알싸한 맛이 빠져 못내 아쉬웠는데

그 향의 끈질긴 유혹
참고 참아 기다린 끝
꽃대 마주한 날
보라색으로 단장한 달래꽃이

그리도 예쁜지 차마 몰랐네
제 향보다 어여쁜걸 처음 알았네
첫날 밤 마주한 색시처럼
내 가슴 떨리던 날

## 귀리를 볶다가

우유 한 잔에 볶은 귀리 한 줌
아내의 아침 식사

물에 불린 귀리
물기 빼고 프라이팬에 볶는다

두둑하게 쌓인 귀리를 주걱으로 닦달하다 보면
엉덩이 뜨겁다고 박차고 나가는 놈
다시 주워 넣는 고문을 피해
일찌감치 가스레인지 틈 깊숙이
숨어버리는 놈
한 번도 주걱에 걸리지 않아
새카맣게 타는 놈
껍질 터지는 놈

등 터지게 살거나
새카맣게 타도
억 소리조차 내지 못하는 생이
이렇게나 있다

## 완두콩

하굣길 중병아리들
야! 이 개새끼야, 놀랬잖아!
술술 나온다
야! 이 개새끼야, 씨발
자연스럽다

혼자서 완두콩 까투리 까다가
뇌까려본다
나는 개새끼인데
너무 잘난 개새끼라
사람인 너와 같이 공부해
너는 얼마나 못났으면
개새끼 다니는 학교에 다니냐?

가장자리 덜 아문 완두콩도
머리 맞대고 자라
마름모로 딱 붙어있다가
꼬투리 가르고 후두둑 떨어진다

# 종자의 자격

완두콩을 까며
종자로 쓸 만한 놈들을
따로 놓는다
코투리 하나에 세 놈만
들어앉은 것들이 더 토실토실 하네
종자로 좋겠다 하다가
아니지 요놈들은 필시
제살 찌울 궁리만 했을 게야, 밀어놓는다
그래 좀 작아도 다섯 놈
이마 좀 더 확실하게 찌그러지고
서로 부대낀 놈들이
맨살 땀 냄새도 싫어하지 않을 놈들이지
가슴 뜨거운 놈들이지
종자는 그런 놈이 돼야지
종자가 꼭
크고 토실할 이유는 없지

## 아비라고

다리가 풀리고 꼬이면
아들이 생각난다
내가 그의 의지가 되어준 적 있던가
내 아비처럼, 식구 누구와도 관계없이
세찬 바람으로 불어가 버린 인생의 끝자락에서
굵직한 추억 하나 만들어주지 못하고
쇠락한 뜰에서

돈 아낀다고
머리카락 직접 깎아주다
한 시간 울게 하거나
피아노 연습 게을리 한다고
백만 원이나 준 기타를 깨부순 폭력
저만의 공간에 웅크려 앉게 만든 인간

취중에 다리 풀려 부르면
왜, 또! 투덜거리면서
부추겨 끌어다 눕혀주는
따스한 어깨

# 살려달라고?

해삼과 전복과 뿔소라
해녀들이 건져 올린 자연산이란다
자연산이 아니어도
도시에서 이만큼 싱싱하고 싼 가격에
먹을 수 있겠는가
홍도는 양식된 해산물 들여오는 게
더 비싸다는 것만 아시라

어쩔 수 없는 자연산!
신선한 바다 향 물씬한 게
꼬들꼬들 입을 희롱한다
술 없이는 절대 안 먹는
내로라는 술꾼이
소주 없이 맛있게 먹었다

매일 소주 두 병에 입가심 맥주 1500시시
그런데 요즘 나는 술을 참는
엄청난 일에 도전하고 있다

기대하시라
우리나라 술 공장 다 망한다
혹시 살려 달라 애원한다면
한 번쯤 고려해보겠다

# 해볼까, 무심히

이 눈치 저 눈치 보며
막걸리 한 잔, 아들 도시락 뚜껑에 반찬 하나

세제며 치약까지 유기농
유리 스테인리스 고집하는 놈이
독한 화학약품 소주
감옥보다 더한 곳에 갇혀 길러진
선지 양곱창까지
잘도 먹지

며칠 술 참으면
얼굴 맑아지고 사람 같다는데
그만 갈까
낚시에 걸렸다 주둥아리 찢겨진 채 도망쳤다가
다시 미끼에 걸려든 붕어처럼
수백수천 번 장터 해장국집
문지방에 넘어지고 또 자빠지겠지만
〉

가끔은 나도 곁눈질이나 하며

그 술집 무심히

지나치는 일을 해볼까

## 꼬막무덤

빨치산 바람이 훑고 지나간
벌교 뻘마을 산자락
하늘 같은 남편 잃고 쓸쓸한 세월
담배로 버틴 큰고모

꼬막 삶는 솥에 불 지피며
담배 물고
김 나오기 시작하면 찬물 한 바가지 부어주고
담배 하나 다시 물고
장작불에 꽁초 던지며 솥뚜껑 열면
짠물 질펀하게 윤기 나는 꼬막

단단하게 이 악문
세월을 열듯
참꼬막 뒤통수 비틀어
짭쪼름 꼬들한 놈 입에 넣어주던 고모
꼬막껍질 무덤처럼 남기고
아흔아홉 귀천하시던 날

향도 맛도 묻히고
미련 없이 훌훌

## 스위치

어둠이 내렸다
오늘 할 일은 다했구나
찌르레기 귀뚜라미 우는 소리 가득한
산밭, 푸른 색조가 검게 바뀌고
하늘엔 아직 별이
나서지 않은 시간

거기쯤인가
산골을 빠져 나가는 길
문득문득 오가는 차들에
행여 눈길을 두던

산다는 것이
단 몇 초의 예후도 모르며
벼락 치는 것이
섬광 비친 후 단 몇 초이니

어제의 어제 또 그 이전의 흔적이

어둠 사린 도로 따라 눈길을 잡아끄는데
산벌레만 언제까지 울어댈까

잠자리 무덤에서 가위에 시달리다
아침이 온다는 것은
행운의 줄타기,
어둠 속을 더듬다 다시금
스위치를 찾는 것이다

## 날을 세우는 일

무딘 칼을 간다
아내가 고추 썰다가
손목 아프다며 넘겨준 게
나무칼 같다

숫돌을 물에 잠갔다 건져서
평평한 곳에 흔들리지 않게 놓고
칼날 한쪽을 한참 간다
날이 반대편으로 넘어가면
넘어간 쪽을 간다
몇 번을 반복하다보면
어느 한 쪽을 만져도
걸리는 것이 없다

손톱에 대보면
미끄러지지 않았을 때
비로소 날이 선다
하늘을 향해 한 눈을 감고 바라보면

하늘이 두 쪽 나고
날 끝에 푸른 하늘 물이 든다
시퍼렇게 날이 선다

이쪽저쪽으로도
칼날이 넘어가 있지 않고
중심에 곧추선 날

근심과 고뇌와 번민의
줄기를 단번에 자를 수 있으리라
날 잡아 나를 세우는 것이다

## 울 엄마

나
태어날 때
엄마가 제일
힘들었고
엄마
가실 때
나
제일 힘들어서
내 가슴속 자궁에
들어앉아 있는
'울 엄마'
라고 써놓고
눈물만 쏟는다

제2부

# 주소를 옮기다

전입신고를 했다
진산면 화엄로 451-19번지

서류 선택지는 두 가지다
세대 일부 전입과 세대 전부 전입

내 나이에
혼자 전입하여 따로 세대를 형성하는 것이라
담당 직원이 무슨 의미 있는 표정으로
슬쩍 쳐다본다

버림받은 놈?
어차피 한 번은 버림받는 인생인 걸
어쩔 수 없이 버리고 버림받는 것

잠자리 한 마리
고추말뚝 위에 앉았다 날아간다

# 선생님 저요!

선생님 저요, 선생님 저요!
매일 아침 우는 새가 있다
알았어요, 소리치는 애도 있다
이따금 왜요! 왜요!
대드는 놈도 있다
사방 산으로 둘러싸인 엄정리 밭
눈 뜨게 만드는
새벽 관현악단의 바이얼린 주자
내가 삼십이 년 선생 노릇 했다고
선생님 저요
손들어 깨우는 새가 있다

## 항아리


항아리 하나가
밭 가운데 엎어져 있다

장도 담고 동치미도 담고
쓰다듬고 닦고 껴안아 주던
손길 잃고
몇 날 며칠 울었을까
이리 치이고 저리 치이다
턱주가리 여기저기 상처 난 채
무엇을 담을 수 있을지
꿈을 꾸기도 할까
제 몸 일으켜 줄 손길 간절할까

학교를 떠나던 날
32년 주인이 다루던 항아리 하나
들판에 엎어져 있다

## 돼지감자

돼지감자를 캔다
별다른 보살핌 없이
홀로 커준 것들
돼지가 좋아해서 돼지감자
한 고랑 떨어진 곳에 알맹이가 나타나거나
생긴 것도 절묘하여 뚱딴지
옹글옹글 뭉쳐 있다가
무더기 끌려나오는 뚱딴지

올해는 주인의 첫 시식이 있었다
군데군데 뽑히고 패인 구덩이 보면서
외인의 침입을 슬쩍 의심했지만
질퍽한 땅에 세 조각 발톱 무늬가
보증서에 찍힌 손도장 같아
단박에 돼지감자 주인의 행차를 알아차렸다

돼지감자 꽃피고 열매 맺히면
밭 여기저기 씨앗 던져놓고 캐지 말자
울타리도 치지 말자

# 돼지감자 2

겨울 중턱에
밭을 둘러보러 나섰습니다
덜 캐고 남긴 돼지감자 대공이
여기저기 넘어져 있습니다
땅은 얼어있는데 깊이 뒤집은 흔적들
몇 마리의 멧돼지가
묵중한 코로 파 놓은 것일 테지요

이삭줍기로 한 봉지의
돼지감자를 얻었습니다
쇠스랑으로 캘 때는
태반이 날에 찍혀 나오기 십상인데
돼지코로 뒤적여놓은 자리
몇 알 남긴 것들은
상처하나 없이 온전한 이삭입니다

# 철을 잊은 시대

하얀 민들레는
늦봄에만 한번 핀다고
홀씨는 날아다니다
제 맘에 드는 곳 찾아 동면을 하고
따스한 봄날 양지바른 곳에 얼굴을 내민다고
그렇게 딱 한차례

상강 가까운 날
또 철없이 피어난 하얀 민들레
어쩌자는 것이냐

수십억 년 동안
네 유전자에 적힌 생존의 기록들이
무엇 때문에 흔들렸느냐
씨앗을 남기지 못하는 불행이
어찌 너뿐이겠느냐

푸른 유리알 속에 한 몸으로 들어앉아

같은 공기 같은 물
같은 햇볕으로 숨 쉬는 생명들
결단코 따로 일 수 없는데
무슨 사명으로 재앙을 알리느냐
누구냐,
너를 동결의 꽃으로
피어나게 한 이들이

# 결명자를 읽다

너른 밭 천지에 풀 다북하여
예초기 돌리던 날
결명자 한 포기 반가워 요리조리 살려두며
잘됐다, 심고 싶었던 고놈
씨 받아 내년에 늘릴 요량

상강 지나 서리맞은 잎사귀 힘없이 늘어지고
가지 사이 어디에도 노오란 꽃 뵈지 않네
내 눈길에 핀잔이 비쳤던가

너희들은 내 무성한 잎이나 가지엔 관심 없지
난 햇빛과 온도의 질서에 따라
땅속 깜깜한 곳에서 피터지게 싹을 틔운 거야
자연의 질서 망가뜨려놓고
때 잊은 놈이라 가련하다거나
헷갈리는 놈이라 하는 건 너희들이지
단지 씨앗 욕심 채우지 못한
너희들이지

〉
아뿔싸,
결명자에게 된통 타박을 듣네

## 오월 늦봄

바쁘다, 곤충 벌레들 여기저기
직각의 창틀을 기어오르는 놈
목적지엔 무엇이 기다리고 있을까

도토리만 한 집 한 채 지을 자리 찾아
처마 밑 기웃기웃 머뭇머뭇
벌 한 마리 알배는 불러오는데

어떻게 들어왔는지 그리마 한 마리
깔판 위를 지나다 연적에 눌려
영문도 모르는 죽음을 맞는데

시시때때 얼굴 바뀌는 벌레 곤충들
깜깜한 땅속, 꽉 막힌 고치 속에서
세상 나올 때를
바람이 건드려 주었나
붉은 해가 눈치 주었나
〉

씨 꼬투리 줄줄이 흔들흔들
두어 송이 남은 노란 갓꽃
꿀벌들 오든지 말든지 느긋하고

해는 남중 자오선을 넘어 바쁜 듯 도망가고
초침은 또 하루의 목숨을 재촉한다, 째깍
죽는 순간까지 절망을 모를
모든 생명들이 부러운
오월도 중순 늦봄에
그리마 한 마리 저세상 보내고

## 샌드위치 패널

예전 기계와 자재는 일본말
요즘 기계와 자재는 미국말
가끔 독일 스위스 말 없혀서
못해도 3개국 말은 해야지

인부 다섯 중
김사장 네와 15년째 일한다는 모씨
성격은 급한데 기술 딸리고
기계 사용법도 이름도 익숙하지 않아

샌드위치패널 자르라 했더니
샌드위치 한입 돌려 베어 문 자국 나게 잘라
기계 빼앗기고 혼줄 나고
너트 조이랬더니 렌치 덜 끼우고 돌리다가
기계 조진다고 구박받고
물 마시고 담배 피는 횟수는 더 많은데

그나마 다행이지

설움 타지 않는 성격인지 슬픈 얼굴은 아니네
좀 부족해도 팀에 껴서 15년째
밥벌이 다니는 것 보니
성격도 한몫이네, 모씨

하루 마감하며
기계 챙긴 후 슬쩍 다가와
사장님, 혹시 소주 마시다 남은 것 있어요?

# 등 2계

전기 공사 아저씨
등 달 곳에 개수를 써놓았다

뒤 안에 등 2계
들어오는 입구에 등 1계
하우스 안에 등 1계
한 곳도 맞게 써놓지 않았다

전기기사 자격증 딴
아들 데리고 돈 벌러 다니는데
전문기사보다 일머리도 밝고
마무리 솜씨며 용처에 따라
무엇을 어디쯤에 설치할지 척척 아는데

어떻게 깨우친 한글인지
계라는 글씨에 자꾸만
눈길이 간다

## 친정 엄마

집에 가는 아내에게
안겨줄 상추며 울릉취나물 방풍나물까지
까만 비닐봉지 하나 가득 챙기다

문득 친정 왔다 떠나는
딸 보내는 엄마의 마음일까
울컥
그만 쪼그려 앉아
눈시울 붉힌다

홀로 남겨진 어두운 방에서
서운한 눈물 몇 줌은 훔쳐내야
어찌어찌 달래질 가슴

오늘 밤은
텅 빈 학교 운동장가에서
간신히 불 밝히고 서 있는 가로등과
헛헛한 얘기나 나눠볼까

## 고독한 카레라이스

밥이야 카레에 말든 김칫국에 말아먹든
간장 두어 숟갈에 고추장 얹어 비벼먹든
어때요

실연도 아니고
상처도 아니고
혼자 멀거니 벽 보다가
천장도 올려다보다가
창밖 서서히 어둠이 짙어가는
풍경도 한 숟갈
그러나 그게 어디 밥인가요

시시비비 다툼도 좋고 우스개 소리는 더 좋고
마주한 밥상이라야 밥이죠
일 년하고도 반이 꺾인 세월에도
불러줄 이, 부르면 냉큼 달려올 이
하나 없는 걸요
〉

남의 잔치 고된 걸음보다
서럽네요, 주말 독상
모래알만 씹혀 숟가락을 놓네요

하루 이틀 가지고 엄살이라 나무라시겠지만
까투리 콩알 튀듯 갑작스런 외로움
엄동설한 맨몸 같네요
이조차 길나면
그도 참 쓸쓸하고 두려운 일이네요

# 동치미

김장용 배추 무
사는 것보다 더 들어간 밑천
그래도 제 손 농사라 자랑스럽다

배추는 관록에 밀려
솜씨 좋은 처형 몫으로 가고
김치 명인 강순의 씨 책 보아가며
흉내 낸 동치미

토종 갓 썰어 넣고
생강 몇 쪽 절임고추 마늘 통째로 띄우고
맑은 풀 쑤어 붓는다
신우대 잘라다 뜨지 않게 눌러주고
두어 주 기다리니
보글보글 괴며 익어가는 동치미

사각사각한 무
톡 쏘는 국물

우리 식구만 먹을 것이다
동치미는 안 준다

## 벌레먹은 완두콩 새싹처럼


토종이라고 어렵게 구한
보라 완두 흰색 완두 몇 줌
반이나 남겼는데
벌레가 동그랗게 속을 파먹었다

에라이 글렀네
구덩이 한군데 파고 묻었다
잊어버렸는데
오늘 얼핏 눈에 들어온
완두콩 새싹 무더기

허참!
속 다 내주고도
씨눈 하나 남았다고
싹을 틔웠네

수십 년 썩을 대로 썩은 속
어디 한군데나 온전할까

벌레 한 마리가 알차게도
파먹고 썩혀놨으니
달랑 남은 씨눈 하나로
얼마를 버틸까만
완두콩 새싹처럼
살아주기를

# 고라니 노린재보다 못난 놈

고구마순은 고스란히 고라니 몫이고
고춧대에 진딧물 달라붙기 시작하며
자라다 만 금개구리참외는
풀을 이기지 못해 노랗게 떠 죽어간다
가지 모종에는 톡톡 튀는
이름도 모르는 벌레가 하얗게 들러붙어
수액을 빨아먹고 있고

가만히 바라보면
참 평화스런 풍경의 풀밭 속에도
소름끼치게 무서운
생존의 싸움이 벌어지고 있다

내 몫이
문득 궁금해 어림해보니
서너 평에 심은 것들로도 넘치는 것을
무슨 욕심에 이다지도
힘에 부치는 일 벌여놓고

애간장만 태우는지

어쩌면 다가오지도 맞이할 수도 없는
허황한 미래에
부질없는 걱정 얹어놓고
웃음마저 잃고 사는가

제3부

# 하루 딱 한 통

한국 씨티은행입니다
고객님은 연 3.7퍼센트에
오천만 원까지 이용 가능하십니다
상담 신청은 1번
수신 거부는 9번을 눌러 주세요

오늘 걸려온 딱 한 통의 전화
목소리 고운 아가씨

담배 한 개비 물고 관사 뒷문 여니
청솔모 한 마리
갸웃 갸웃 쳐다보다
담장을 타고 잣나무로 올라간다

담배 불을 끄고 꽁초를 버리다
아차, 1번을 눌러 볼걸

## 늙은 관사

불볕에 달구어진
몸뚱이 식혀보려고
방바닥에 누워서 바라본 천장에
구멍 몇 개
지네 한 마리씩 숨어있을까

바닥에 닿은 머리카락 사이로
검붉은 지네 숨어 들어올까 오싹하고
잠든 이불 속으로 기어 들어와
팬티 속까지 파고들어
불알 물거나
바닥에 던져둔 옷 속에 숨어 있다가
주워 입은 옷 속에서 목을 물고
술 취해 정신 잃은
머리위로 기어올라 마빡 무는
낡은 관사

서랍장 밑에 숨어있다 들킨 놈

열린 밥솥에 들어앉아 있다가 잡힌 놈
아내 손가방 속에서 끌려나온 놈
문지방 썩음썩음한 구멍으로 기어들어가다
허리 끊긴 놈

나이 들어
뇌 속에 구멍 듬성듬성 생기는
아, 그 구멍엔 어떤 벌레가
들어 있다가 기어 나올까
허물어져가는 틈새 많은
늙은 관사

## 현관문 열어놓고

몇 십 년 같이 살고 보니
그 사람 밋밋한가요
무릎 불룩 튀어나온 트레이닝 바지나
헌 반팔 난닝구가 편하다는 사람
이젠 설렘도 무뎌졌나요

그래도 가려운 곳 척 알아
등에 손 넣어 긁어주고
어디 나가 실수 할까봐
다람쥐 알밤 다루듯 챙기는
그 손길이 하루 아침인가요

세상 편하게 널브러져도 흠이 아닌 사이가
얼마나 좋은지
타이어표 고무신발 손가락 서너 마디
큰 걸 신다가 발에 맞을 때쯤
장날에 신발바닥 구멍 때워
신는 신발이 얼마나 좋은지

〉
우리는 몇 발 쯤 큰 구멍으로 만나
헤진 곳 여기저기 꿰매가며
그게 내 몸에 맞다는 것을
알고 살아요

살 섞지 못하고 취하건
겸연쩍은 듯이 그일 피하고 살건
곁에 있어야 하는 이유를 알고 살지요
교회 간 그녀를 현관문 열어놓고 기다리는 밤
날벌레만 잔뜩 꼬여드는 밤

# 풍화

당신의 가슴과
내 가슴이 맞닿아
녹아들어가는 일이
그리도 숱한 세월과
살얼음 벼랑을 사이에 둔
외줄타기였나요

굳이 하나 된다는 것은
거추장스러울 수도 있는 법
그냥 멀리 두고 바라만 보다
돌아서면 그만이지 싶다가도
당신 가슴속 어디쯤 무엇인가를 묻어놓고
때를 기다려 왔던 꿈이
왜 그제야 떠오르는지

이젠 풀썩 주저앉아
나를 그곳에 묻고
〉

서로 달랐던
절벽의 이쪽과 저쪽이 무너져 내리는
긴 풍화의 끝을 바라봅니다

# 경암 기차길옆 오두막집

자그마한 부엌 솥단지에
김은 피어오르고
시래기, 묵나물 주걱으로 휘휘 저으며
식구들 밥 짓던 시간

게으른 오후 볕
뜨거운 김 같은 세월은 어디로 갔을까
귀가할 식구도 없는
싸늘한 단칸방에
고단한 몸둥아리 뉘며
저절로 터져 나오는 한숨

몇 벌의 빨래만
손주 타던 그네처럼
흔들거리는 초겨울 오후

# 심천역

비둘기호도 사라지고
통일호도 자취 감추고
차삯이 비싸 머뭇거려지던
무궁화호만 하루 서너 번 정차하는
심천역
기우는 석양이 되어버린
등 굽은 노인 네댓 명
흔들거리며 내린다
바나나 같은 무궁화호는
링거 줄 붙들고
기적소리도 없이
어디론가 느리게 떠난다
생에 한두 번이나 와서
스칠 심천역에
기울어가는 그림자 길다
대나무처럼 길다

# 물메기

푸르게 맑은 꿈
깊은 희망의 세계를 쏘다니다가
솜씨 좋은 어부의 그물에 걸려 올라
창자 덜어내어 지고
쇠꼬챙이에 아가리 단단히 꿰어져
찬바람에 피눈물 뚝뚝 흘리며
흔들거리고 있다

마지막 형틀에 매달려
죽을 만큼 간절하게 빌어보라고
넌지시 눈치 보내도
곧게 버티며
마른 죽음을 맞고 있다

# 고등어를 좇아서


고등어를 먹고 싶다
고등어를 먹을 수 없는 곳에서
한 마리의 푸른빛이
헤엄치다
냉동실에 외롭게 누워있다

고등어를 먹는다는 것은
그 외로움 프라이팬 위에서
뜨겁게 날리는 것
그것은 고등어가 다시 살아서
동해바다 어디론가 흘러가는 것
내가 고등어가 되어
푸른 물빛을 좇아 헤엄치는 것
얼어붙은 외로움을 녹이는 것

고등어를 먹고 싶다
고등어를 먹을 수 없는 곳에서

# 이런 법이 어딨대유

회오리바람 아침나절 넘지 않고
소나기 종일 내리지 않는다 했는데

무슨 일 났대유?
화를 그리 오래 내셔도
분이 안 풀리남유?

엊그제 펼친 화사한 왕벚꽃 잔치
종잇장 구기듯 구기고 찢고 부러뜨리고
뭐 하시는 거래유?

잔치상 뒤엎는 기분이 워떤가요?
빤쓰 벗고 달려들다 불알 차인 기분이유
왕벚꽃송이도 땅을 치며 운다니께요

벌침도 못 맞고 생짜루 떨어져 나간
숫처녀 숫총각 제사상은 누가 올린대유?
〉

절반 남았으니
여쯤에서 그만 하셔요
종일 꽃 난장판 속이 타네유
그만 하시자니께요 지발!

# 뜸을 들인다는 것


바람이 멎었습니다
새벽에서 낮으로 바뀌는 순간과
낮에서 밤으로 바뀌는 순간
두 번의 천지 스스로 무릎 꿇는 기도
그 시간

밥솥뚜껑을 열어서는
안 되는 그 사이 상은 차려지고
놀이터 아이들 하나 둘
구멍 찾아 기어드는

기우는 해의 시각이 달라도
몸으로 알아채는

찾아주는 이 하나 없는
고즈넉한 산밭에서
배는 고파 심신이 늘어진 엿가락 같은데
식구들과 둘러앉은 밥상이

먹는 것 이상의 숭고함이라는

나는 밥을 먹을 지 말지
엄마의 부르는 소리도
너무 멀어서 서글픈
그 사이

## 오룡역에서


지하철 보증권
나에게는 플라스틱 토큰
내려가야 하는데
토큰을 대도 두 번이나 문을 닫는다

젠장 눈도 침침한데
카드 대는 곳 토큰 대는 곳이
다르다는 걸 처음 알았네

초등, 아니 고등학교 시절까지
땅속으로 공중으로
차가 다닐 줄 상상만 했지
아마도 몇 년 후면
날아다니는 자동차가 나오지 않을까

호주 뉴질랜드도 가고
괌도 가고 중국도 가고 몽골도 가고
허허 드넓게도 돌아다녔는네

그렇게 다닐 곳 많고
배울 것도 많은데
세상은 숨가쁘게 빨라지고
나는 자꾸만 덜떨어진 놈 되어간다

# 어떤 흔적

무료한 시간
엿가락처럼 늘어져 흐르고
실없이 스마트폰 화면을 밀다가
가버린 친구의 흔적을 찾는다

기묘한 일이지 원래부터, 아니
그를 안 다음부터 저장되어 있던
이젠 받지도 누를 일도 없지만
그냥 두고 보기로 하자
무슨 인연인가
두 번의 같은 근무지

악마의 꽃이 몸에 피어 시들어갈 적
그래도 산다는 것이
여전히 살아있는 자들에게는
소중한 일이라
해 가고 달 가고
구름가고 물 흘러가고

긴 세월 덧없이 가고 나서
그게 그것임을 알더라도

나는 전화기 메모리 한켠
그의 번호를 지울 수 없다
그저 별 볼일 없는 것과는 다른
그의 흔적을 쉽게 지울 수 없다

## 말라야 사는 놈들

빨간 고추들
홀딱 벗고 요리조리
따가운 햇살 아래서
몸을 말린다, 바짝

속이 보이고
흔들어서 소고小鼓 소리 나면
마른 수건 목욕재개하고
가루가 되어야지

배추김치에 참견도 하고
총각김치에 슬쩍 발도 걸고
찬장에 들어앉아 있다가
매운탕에 목욕도 하고
콩나물 무침에 달라붙기도 하고
누룩가루 쌀가루랑 몸 섞어
은근 끈적한 얼굴로
단지에 또아리 틀기도 하고

〉
투명해져라
어서어서 살아나거라

## 그만하면 됐다

바람에 날리는 순간에도
쥐똥나무 열매는
발붙일 땅을 찾았으리라
떨어져 떨어져서
부드러운 흙 가슴 어디쯤이면 좋았을 텐데

하필 벽돌 담장 시멘트 몰탈 위,
독성조차 사람 죽인다는
그곳에 뿌리 내렸다
벽을 부수고 시멘트 가르며
굵은 뿌리 내려 보거라

물기도 없는 벽돌 틈에서
흔들흔들 웃고 있다
쥐똥나무

## 희망 세 알

무 씨를 땅에 넣는다
한 뼘 간격으로 세 개씩

올라온 싹이
굵직한 무로 자라서
알맞게 익은 동치미나
배추김치 소가 되면
긴 겨울을 나는 징검다리

무 씨앗을
고라니 발자국 깊이만큼 파고
툭툭
세 개씩 넣는다

# 제4부

## 그놈 참 행복하겠네

벚꽃비 둘러쓰고
슬그머니 웃는 승용차 한 대

속으로 황홀하여
자다가도 웃겠네

씽씽 달리다
꽃비 다 떨구어 내도
실실 웃겠네

## 노각 무침

씨 빼고 툭툭 삐져서
소금에 잠깐 절였다가 물기 짜내고
마늘 고추장 청양초 양파 대충 썰어
조물거린 무침을 좋아한다
밥도 비벼먹고 소주안주도 되고
토종오이라는 이름보다는
노각이라 불리는 것이
조금은 맘에 들지 않지만
줄 매주지 않고 놔둬도
땅바닥 벌벌 기며 여기저기 열매 달아놓고
땅바닥에 뒹굴어도 썩지 않는
두꺼운 껍질 까내면
부끄럼이나 아픔 없이
독한 양념과 뒹구는
겁 없는 처녀성이 좋다
그 속살 그 향기가 좋다

# 죽기 살기로 걷는 이유

 다릿심 빠지믄 술 못 마셔 술은 뭣 땀시? 외로울 때 고만한 친구가 또 읎지 숨은 왜 그리 깊게 쉬냐고? 술에 얹어 빨아대는 담배 맛이 그만이여 깊게 빨아들이는 연기 말이여 둘 다 고만하라고? 무슨 재민디 건강해도 밋밋한 건 그게 그거여 눈빛 탁해지고 귀 어두워지고 주저앉아 똥 지릴 때까지 암만해도 못 버릴 것 같네 걷기라도 해야 쓰것네 괄약근에 심주고

## 봄봄

내일부터 술 끊고
붓 다시 잡을게
교회 현판도 써서 서각해서 걸고
그러니 오늘은 마지막으로 한 잔

점심 지나고 서서히 일렁이는 마음
어쩌지?
아! 그렇다

통통하게 속 꽉 찬 바지락 사다가
끓는 물에 입 벌린 놈들 건져서
양파 무 미나리 썰어 넣고
초고추장에 버무리면
당신도 봄 제대로
보내는 거여
곁반찬으로 텃밭 울릉취 잘라다 데쳐서
된장 마늘 들기름에 주물러 놓을게
그거면 됐지?

〉
오늘만 딱 한 잔
햇살 따가워지고 봄날 지나가시려는데
바지락과 울릉취 나물과 소주 막걸리와
나와 당신이
같이 버무려지는 거여

# 빌려 주세요

푸른 바다 생명의 향기가
파도에 실려오는
새 날, 새로운 아침 바닷가
모래 위를 팔짱 끼고 걷겠습니다

점심엔
근사한 레스토랑엘 가서
우리가 행여 고급스런 문화라고
착각하던 파스타도 시키고 비프스테이크도 시키고
고급 프랑스 와인도 곁들이고
소담소담笑談笑談,
셰프 추천 아이스크림도
혀끝으로 녹여가며 귀족이 될 겁니다

그리고
그늘 좋은 나무 돌의자에 앉아
눈물이 쏟아질 듯 가장 멋진 날이라고
노래하고 싶습니다

〉
해질녘이면
아주 비싼 일식집에서
시퍼런 회칼 자부심 가득한 그이의
문신 새겨진 팔뚝을 조금은 부럽게 바라보기도 하고
능성어나 도미나 야들한 회 한 점에
맑은 소주 기울이다가
부끄럼 잊을 만하면
슬쩍 그대 곁으로 다가앉아
키스를 할 겁니다
막연해서 아픈 그리움
한순간에 날려버릴 겁니다

편안한 밤이여
다시는 오지 않을 새벽이여

딱 하루만 그대 마음과
그림자를 빌려 주세요

## 수건을 개면서


집혀 나온 실오라기를 끊어내다가
가난한 목화를 떠올린다

당산나무 언덕 아래
너른 밭 목화 꽃이 피기 시작하고
밤톨만 한 결구가 생기면
미적달근한 열매를 따먹었지

가을 들어 또 다른
꽃 목화솜 피어나고
일일이 손으로 따서 씨 발라내고 솜 타거나
물레로 실을 자아서
할머니 무르팍에 침 발라 비벼대면
짧은 실이 길게 나오고
연신 실꾸리에 감아
장에도 내다 팔던 무명

옷도 만들고 이불도 짓고

노동의 지난한 시절이 지금은 인도나 동남아 어디
배고픈 나라의 몫으로 갔지만
먹지도 못하는 유전자 조작 목화 열매
염소가 잎을 뜯어먹고
일주일 만에 피 토하고 죽기도 한다는데

목화 면섬유 수건을 개다가
이 눈부시게 하얀 올기 속에
가난과 무서운 공학의 두 그림자가 서려있음을

그것으로 몸을 닦고 입고
그림자로 살아가는
죽음의 그림자로 살아가야 하는
세대를 떠올린다

## 오월이 오면

별량면 운천리 진날 막내고모 주막에서
사카린 탄 술지개미 달달하게
넙죽넙죽 받아먹고 자꾸만
옆으로 옆으로 게걸음 걷다가
신작로 아래 물꼬에 처박혀
거꾸로 들려 올려진 때
웃음소리 안개처럼 흘러갔지

하루 한 끼 먹을 둥 말 둥
손바닥만 한 스텐 밥그릇 뚜껑 덮인 채
이불 밑에 종일 굴러다니고
지칭개즙 듬뿍 발라놓아도
토악질로 울어대며 마른 젖만 찾았다지
쇠고기국 끓이던 날은 김만 나와도
벌써 생물 토했다지

구두쇠 외할머니가
통 크게 사준 털신 신고 입학한 뒷날부터

학교 쭈욱 못 다녔다지
시오리 학교는 너무 멀었다지

친구들 학교 가고
골목에 개들만 어슬렁거릴 때
아버지 무논 써래질 뒤에 타고가다
땅벌구멍 잘못 쑤셔 눈 붓고 입술 부어
미음 밀어 넣어 살렸다지

논에 물 가두어 너른들 바다 같고
산비둘기 들꿩 짝지을 때
딱 지금이겠네

## 고향

없다 그 어디에도
이불에 오줌 싸고 키 둘러쓴 채
대문간에 앉아 울던 곳도
칼싸움이나 술래잡기하던 골목도

돼지 멱따는 소리에
새벽잠 깨어 나가보면
동네 아저씨들 면도칼 들고
돼지털 밀던 마당가 샘터도
오줌보로 배구나 축구하던 무논도
당산나무 아래서 바라보면
마루까지 훤히 보이던 집도
어디로 갔을까

동네 아낙들의 흉잡이 잡담소리가
빨래방망이 맞고 하늘로 튕겨 올라
먼 논에서 써래질하는 남정네들의 귓전을
간지럽히던 샘터

복개된 시멘트 아래서
울며 흐르는데

아직도 50년 전의 꼬마는
마을을 빙빙 도는데

## 일기

아침에 일어나 세수하고 밥 먹고
이빨은 닦지 않고
학교 갔다 와 숙제하고
동네 골목에서 친구들하고
깡통 차고 놀다가
저녁 먹고 잤다

일기장엔 기계처럼 파란 스템프
참 잘 했어요

어른 되어가면서
글쓰기 싫어지고
건조한 일상의 반복

학교는 말이지
영혼을 담는 방법 가르치는
가난한 글쟁이와
유화물감 씹어대며 마음을 그리는 그림쟁이와

운동장에서 환장하게 뛰놀게 하는
국가대표 탈락 체육선생과
피아노 건반 째즈로 두드리다
유학도 못 간 음악쟁이와
호미 하나로 창조의 신화를 일구는 농투산이만
있으면 되지

초등학교 조카손주
좋아하지도 않는 노래만 가르치고
지루한 수학이나 가르치는 것 싫으니
제일 뒷자리에 앉혀달라는 그놈
딱 그놈

내 평생 받은 월급봉투에
그 반역이나 한 줄 새겨져 있을까

나는 비로소 늙은 자유의 초로에
글을 쓰고 돈도 버리고

새벽이나 대낮이나 시간 어름 없는
텃밭에서, 상추 오이 고추
물방울 대롱거리는 것들과
행복한 일기를 쓴다
숙제검사 없는 일기를 쓴다

# 시계는 멈추고

건전지 빠진 시계
딱 8시 20분에 멈춰 있다

내 생에 행복했던 순간들
눈물자국 남기고
째깍거리는 초침 따라
다 돌아버린 듯 멈춰 있다

지금도 행복은 도처인데
다만 시간이 흐르고 흘러
한 사람의 이름
잊혀질까, 내 몸속 어딘가
손가락만 한 건전지를
얼마간 빼놓고 싶다

끝나버린 행운이지만
석양의 긴 여운
혼자라도 더 품을 수 있으니

## 양산과 우산

해가 따갑다는 것과
비가 내린다는 것

차려입고 외출한다는 것과
처마 밑 낙숫물 떨어지는 모습
우두커니 바라본다는 것

아이스크림과
파전이라는 것

그녀의 하늘거리는 허리와
육중한 가마솥 뚜껑

둘 다 걷고 싶을 때도 있다는 것
둘 다 그늘인 것
둘 다 피하는 것
둘 다 세월 흐르면
찢기고 부러지는 것

# 빨래집개

나뭇가지 부러져나가는
세찬 바람 부는 날
담요를 널었어요

연둣빛 울타리 철망에서
담요가 연처럼 펄럭일 때마다
왕빨래집개 입술에 푸른 핏줄 돋아요
바람 거셀수록
눈알도 튀어 나와요

이 무슨 싸움이지 싶어
걷어오고 말았는데
빨래집개 힘 풀려
대롱대롱 철망에 매달리네요

바람에 흔들리는 나는
철망도 없이 허공에 매달려 있네요

# 약속

등에 짊어지는 무게가
내 몸뚱아리 뿐이랴
네 무게만큼의
편자를 박는다

단칸방에 밥솥 하나 밥그릇 국그릇 두 벌이면
사랑 하나로 널 가뿐히 업고 가리라
생각했지

아들 태어나고 자라
일가를 꾸리는데
속절없이 쏟아지는 무정형의 무게
최대한 어떤 약속의
땅 끝까지는 가야지
발톱을 파고들고
생살을 뚫고 들어오는
무게만큼 편자를 박는다

# 시계

가느다란 지게 작대기
여기저기 타닥타닥 풀섶 헤치고
자갈도 살피는 건듯 걸음에
무거운 짐 실은 두 지게발
비로소 땅과 평행선을 그리며
작대기 따르듯

셋이 가는 길
한 치 어긋남도 없어야
넘어지지 않는다

아비의 아비와
아비의 아들이
땅에서 그렇게 살았고
아들의 아들과
내가 그렇게 사는 거라고

## 꽃무릇

그 어미
자식 수감되고
엄동설한 냉골 방
이불 깔지도 덮지도 않고
지내셨다더니

소나무 숲 사이
온종일 손바닥 햇빛 몇 줌
투덜거리지 않고
밝게 흔들리며 잘도 큰다

꽃대 올라오기 전
사그라질 몸인데
어두운 그늘 하나 없다

# 결

나무의 결을 거슬러
대패질을 하면 거스러미가
벌떡 일어섭니다

바람의 결을 거역하면 걷기도 힘듭니다
투명한 빛에도 결이 있군요
그림자가 말합니다

결을 따라 만나는
고운 인연, 결대로 따라가다 보면
또 다른 손길이 끌어당깁니다

마침내는
숨결이 있군요
툭 트이면서 세상에 나와
서로가 서로를 묶는
모든 결들에 살아 흐르는

해설

# 생명적 숨결을 따르는 삶의 지혜들

오철수(시인)

　이전에 얼굴을 본 적도 시를 읽은 적도 없는, 그것도 보통의 경우라면 시집 서너 권은 냈을 나이에 첫 시집을 내는 분의 원고 해설을 맡는다는 게 흔한 경우는 아닐 겁니다. 그런데 왜 덥석 쓴다고 했냐하면, 청탁 전화를 받은 곳이 전화 내용의 절반도 알아들을 수 없는 시끄러운 전철역이었고, 함순례 시인의 청이고 최은숙 시인의 부탁이 있었다고 했기 때문입니다. 이 두 분 시인이 보아온 분의 시라면 그냥 좋을 거라 믿었습니다. 그리고 작품을 읽으며 확인합니다. 참 좋은 시를 쓰는 분을 만나게 되어 기쁩니다.

이 글은 그 기쁨의 이유입니다.

## 1. 생명적 숨결을 따르는 삶의 시

우선 정선생이 시를 이뤄가는 방식이 마음에 듭니다. 대부분의 경우 '시란 무엇인가?'를 물으며 시 쓰기를 시작합니다. 이런 질문법의 특징은 '시란 이런 것이다'는 정의를 미리 시 뒤에 넣어두지 않았다면 결코 찾을 수 없는, 따라서 '시란 이런 것'이라는 정의를 되찾는 방식입니다. 이를 형이상학적 질문법이라고 하는데, 이때 그 정의를 누가 했느냐는 것은 그리 중요하지 않습니다. 다만 이와 같은 방식으로 시 쓰기를 시작하면 기존의 정의를 확인하고 충족시키는 방식으로 시가 된다는 것입니다. 결국 시계(詩界)의 권위를 좇는 것입니다.

하지만 정선생은 시를 삶에게 묻습니다. 굳이 말을 만들자면, '우리 삶에서 어떤 일이나 형상이 더 생기로운 시 같은가?'를 묻는 것입니다. 그러니 시의 기준은 '시론'에 있는 것이 아니라 '생생한 삶의 이치'에 있게 됩니다.

그를 선생님은 결을 타는 삶이라고 표현하더군요.

　나무의 결을 거슬러

대패질을 하면 거스러미가
벌떡 일어섭니다

바람의 결을 거역하면 걷기도 힘듭니다
투명한 빛에도 결이 있군요
그림자가 말합니다

결을 따라 만나는
고운 인연, 결대로 따라가다 보면
또 다른 손길이 끌어당깁니다

마침내는
숨결이 있군요
툭 트이면서 세상에 나와
서로가 서로를 묶는
모든 결들에 살아 흐르는

—「결」 전문

  결을 따르는 것이 삶을 풍요롭게 합니다. 왜냐하면 결이야말로 첫째로는 삶을 있게 혹은 존재케 하는 것("숨결이 있군요/ 툭 트이면서 세상에 나와")이고, 둘째로는 삶을 짓는 것 혹은 '인(人)'을 '인간(人間)'으로 만드는 것("서로가 서로를 묶는")이고, 셋째로는 풍요를 이루는("결대로 따라가다 보면/ 또 다른 손길이 끌어당깁니다") 것이기 때문입니다. 그래서 결을 거스르면 상하게 되고 상하게 만듭니다. 그렇다면 우리의 시가 삶을 '살리는 이치'[生理]를 중하게 생각하고 그에 가까운 서정이려는 것은 시 쓰기의 첫걸음입니다. 제가 읽은 『종자의 자격』 전편이 이런 물음의 방식으로 삶의 시에 이릅니다. 그리고 이런 물음의 방식을 고집하며 시의 길을 갔기에 그 엄격함으로 뒤늦게 첫시집을 엮게 되는 것일지 모른다는 생각을 해봅니다. 하지만 이런 접근이었기에 이 시절 유행하는 마음속의 미궁이나 감정의 골방을 헤맬 까닭이 없고, 도사가 다 된 척하는 그 반대 편향에 설 까닭도 없는 것입니다. 그래서 삶의 생기를 담는 생생하고 담박한 서정일 수 있는 것입니다. 그 절정이 '잔치국수 같은 시'입니다.

    내가 어떤 시의 행간을 몰라
    겉돌 때마다
    잔치국수 같은 시를 쓰고 싶다

    면발 뜨거운 물에서 투명하게 바뀌고
    시원한 멸치국물에 고명 얹어도
    그릇 밑바닥까지 보이는

잔치국수

아무런 갈등 없이
몇 젓가락질 하고 나면
멀건 국물 남은 것까지
후루룩 둘러 마시고
빈 그릇 식탁에
탁! 놓을 수 있는
국수처럼
쉬운 시를 쓰고 싶다
─「잔치국수 같은 시」 전문

 잔치국수 안 먹어보신 분 거의 없을 겁니다. 대부분의 분식집에도 있는 메뉴이니 특별할 것도 없습니다. 하지만 삶을 기준으로 보면, 그 특별할 것 없음이 삶의 필요에 가장 가까움을 증명합니다. 정선생은 시를 그런 삶의 필요에 둡니다. 그 필요의 핵심은 첫째가 얻기 쉬워야 하고, 둘째가 눈으로도 재료 정도는 분별될 수 있어야 하고, 셋째가 멀건 국물까지 후루룩 둘러 마실 수 있는 맛입니다. 그 의미는 삶의 필요에 의해 '삶의 결을 따른다' 입니다. 그래서 "쉬운"이라고 표현합니다. 삶의 필요로부터 벗어날 때 어려운 것입니다 (하지만 삶이 빈곤한 이들에겐 반대현상이 일어납니다). 물론 정신의 영역에 어려운 것이 없는 바는 아니지만 그게 삶의 필요라면 삶은 어떻게 해서든 쉽게 만듭니다. 그게 앞서 본 시 「결」과 「잔치국수 같은 시」에서의 삶의 광학(光學)입니다.

그럼, 그 깨끗한 서정의 발걸음이 딛고 있는 생의 지혜들은 무엇일까요?

## 2. 생은 아름다울지라도 지독하고 지극한 다함이다

시인이 보는 삶의 세계를 단순화하면 "숨결이 있군요/ 툭 트이면서 세상에 나와/ 서로가 서로를 묶는/ 모든 결들"(「결」에서)의 복합체입니다. 생명 있는 것들이 그 생명의 힘인 "숨결"을 터뜨려 삶을 지으며 관계적 존재가 되는 것입니다. 그리고 이 세계 어떤 존재도 이 관계 바깥에 있을 수 없습니다. 사람도 이 관계 속에 관계적 존재인 '인간'(人間)으로 존재하고, 관계 안에서만 삶이 가능합니다. 시인은 이 관계의 세계에서 가장 좋은 삶의 방식을 "결대로 따라가다 보면/ 또 다른 손길이 끌어당깁니다"에 놓습니다.

하더라도 이것은 인간이란 생명체가 자신의 지성을 넘어서지 않는 바람입니다. 왜냐하면 관계의 세계는 그 자체로 생존을 위한 전쟁과 짧은 평화의 상태이기 때문입니다. 정 선생은 말합니다. "고구마순은 고스란히 고라니 몫이고/ 고춧대에 진딧물 달라붙기 시작하며/ 자라다 만 금개구리참외는/ 풀을 이기지 못해 노랗게 떠 죽어간다/ 가지 모종에는 톡톡 튀는/ 이름도 모르는 벌레가 하얗게 들러붙어/ 수액을 빨아먹고 있고// 가만히 바라보면/ 참 평화스런 풍경의 풀밭 속에도/ 소름끼치게 무서운/ 생존의 싸움이 벌어지고 있다"(「고라니 노린재보다 못난 놈」에서) 이것이 생명적 관계 세계의 진면목입니다. "두둑하게 쌓인 귀리를 주걱으로 닦달하다 보면/ 엉덩이 뜨겁다고 박차고 나가는 놈/ 다시 주워 넣는 고문을 피해/ 일찌감치 가스레인지 틈 깊숙이/ 숨어버리는 놈/ 한 번도 주걱에 걸리지 않아/ 새카맣게 타는 놈/ 껍질 터지는 놈// 등 터지게 살거나/ 새카맣게 타도/ 억 소리조차 내지 못하는 생이/ 이렇게나 있다"(「귀리를 볶다가」에서). 이것이 또한 우리 삶의 엄혹한 근본조건입니다. 그렇기에 현재 우리 문화가 어떤 사상 감정의 상태를 선호하던지 간에 우리는 이 근본적 삶의 조건을 직시하고 거기서 살고자 해야 합니다.

그래서 시인은 말합니다.

등에 짊어지는 무게가
내 몸뚱아리 뿐이랴

네 무게만큼의
편자를 박는다

단칸방에 밥솥 하나 밥그릇 국그릇 두 벌이면
사랑 하나로 널 가뿐히 업고 가리라
생각했지

아들 태어나고 자라
일가를 꾸리는데
속절없이 쏟아지는 무정형의 무게
최대한 어떤 약속의
땅 끝까지는 가야지
발톱을 파고들고
생살을 뚫고 들어오는
무게만큼 편자를 박는다

―「약속」 전문

  생의 근본적 조건 속에서 산다는 것은 어떤 경우에도 쉽지 않습니다. 거기다가 베이비부머세대이기도 한 시인에겐 한국전쟁의 폐허라는 더 안 좋은 조건이 더해집니다. 이것은 피할 수 없는 삶의 무게입니다. 그런데 피할 수 없다는 것을 알면서도 계속 피하려 하거나, 그저 마지못해 떠안는 것은 제대로 사는 것도 삶을 사랑하는 것도 아닙니다. 길은 오직 하나, 이겨내는 것입니다. 그래서 생각합니다. 주어진 삶의 무게를 가볍게 할 수는 없지만 왜냐하면 그것은 이미 주어진 것임으로— 견딤을 용이하게 할 수 있는 방법이 무엇일까? 그것이 바로 생의 무게를 의지적으로 사랑해버리는 방법입니다. 그를 위해 "발톱을 파고들고/ 생살을 뚫고 들어오는/ 무게만큼 편자를 박는" 것입니다. 삶의 무게를 적극적으로 살아버리고, 살아버림으로서 "사랑 하나로 널 가뿐히 업고 가리라"의 상태가 되어버리는 것입니다.

다음은 그런 삶과 의미가 혹 느껴지는 시입니다.

> 씨 빼고 툭툭 삐져서
> 소금에 잠깐 절였다가 물기 짜내고
> 마늘 고추장 청양초 양파 대충 썰어
> 조물거린 무침을 좋아한다
> 밥도 비벼먹고 소주안주도 되고
> 토종오이라는 이름보다는
> 노각이라 불리는 것이
> 조금은 맘에 들지 않지만
> 줄 매주지 않고 놔둬도
> 땅바닥 벌벌 기며 여기저기 열매 달아놓고
> 땅바닥에 뒹굴어도 썩지 않는

두꺼운 껍질 까내면
부끄럼이나 아픔 없이
독한 양념과 뒹구는
겁 없는 처녀성이 좋다
그 속살 그 향기가 좋다

—「노각 무침」전문

토종오이는 자기에게 주어진 삶의 조건을 피하지 않습니다. 오히려 사랑해버립니다. "줄 매주지 않고 놔둬도/ 땅바닥 벌벌 기며 여기저기 열매 달아놓고/ 땅바닥에 뒹굴어도 썩지 않는/ 두꺼운 껍질"로 자기 변신을 이루고 이름마저 '노각'이 됩니다. 그 지독하고 지극한 다함이 시인이 예찬하는 노각의 '겁 없는 처녀성'을 만듭니다.

그래서 "소름끼치게 무서운/ 생존의 싸움"이 벌어지는 생명적 관계세계는 모든 삶에게 요구합니다. 너의 관계적 삶을 최대로 살라!

## 3. 관계적 삶을 가능케 하는 지족(知足)의 윤리

정선생이 본 생명적 관계세계의 진면목은 "소름끼치게 무서운/ 생존의 싸움"과 그 균형이 만든 평화입니다. 그래서 우리는 이 근본적 삶의 조건을 직시하며 살 수 있도록 되어가야 합니다. 그런데 이런 삶의 조건을 들면 부정적 생각이 드는 것도 사실입니다. 단번에 만인에 대한 만인의 투쟁과 같은 불행한 생각을 떠올리곤 합니다. 하지만 정선생은 실체적 개체들이 아니라 관계적 존재를 이야기하고, "툭 트이면서 세상에 나와/ 서로가 서로를 묶는/ 모든 결들에 살아 흐르는"(「결」에서) 관계적 삶을 말합니다. 이런 관계적 삶에서 자신을 생각한다는 것은 '자기에게 온 관계들을 생각한다' 는 것을 의미합니다. 왜냐하면 나라는 존재는 관계들의 총합이고, 관계들의 변화에 따라 생성 변화해 가기 때문입니다. 따라서 저만 생각하는 암세포와는 다른 삶입니다. 그래서 시인도 처절한 생존 싸움을 말하지만 그 실천에서는 힘 투쟁이 아니라 편자를 박는 삶과 자기를 다하는 삶을 말하는 것입니다.

앞서 보았던 시 「고라니 노린재보다 못난 놈」 전문을 다시 보겠습니다.

    고구마순은 고스란히 고라니 몫이고
    고춧대에 진딧물 달라붙기 시작하며
    자라다 만 금개구리참외는
    풀을 이기지 못해 노랗게 떠 죽어간다
    가지 모종에는 톡톡 튀는

이름도 모르는 벌레가 하얗게 들러붙어
수액을 빨아먹고 있고

가만히 바라보면
참 평화스런 풍경의 풀밭 속에도
소름끼치게 무서운
생존의 싸움이 벌어지고 있다

내 몫이
문득 궁금해 어림해보니
서너 평에 심은 것들로도 넘치는 것을
무슨 욕심에 이다지도
힘에 부치는 일 벌여놓고
애간장만 태우는지

어쩌면 다가오지도 맞이할 수도 없는
허황한 미래에
부질없는 걱정 얹어놓고
웃음마저 잃고 사는가

 이 시에서 절묘한 것은 객관적 진술인 1,2연이 실체주의자와 관계주의자에게서 굉장히 다른 실천의 길을 연다는 사실입니다. 앞서 말한 것처럼 실체주의자들은 만인에 대한 만인의 투쟁을 생각합니다. 하지만 관계주의자인 정선생의 귀한 눈은 그렇게 치열한 생존의 싸움이 일어나면서도 역설적이게 평화를 유지하는 풀밭을 봅니다. 그 삶의 조건을 보고 두려움과 공포에 질려 부정으로 대하는 것이 아니라, 그럼에도 불구하고 긍정의 눈으로 "가만히 바라보면/ 참 평화스런 풍경의 풀밭" 임을 의식합니다. 그렇다면 이처럼 "소름 끼치게 무서운/ 생존의 싸움이 벌어지고" 있으면서도 평화로울 수 있는 까닭이 무엇입니까? 예를 들어 고라니가 넓은 고구마밭을 쑥대밭으로 만들어버렸다면 우리가 계속 평화로울 수 있겠습니까? 없을 것입니다. 우리는 이에 대처하는 투쟁을 해야 합니다. 하지만 고라니는 그렇게까지 하지 않습니다. 왜냐하면 고라니는 사람 눈치를 보며 한 끼니 "고라니 몫"을 넘어서지 않기 때문입니다. "가지 모종에는 톡톡 튀는/ 이름도 모르는 벌레가 하얗게 들러붙어/ 수액을 빨아먹고" 있어도 역시 제 한 끼 몫을 넘어서지 않습니다. 넘어서지 않기에 그 관계가 유지되며 평화입니다. 만약 고라니가 인간처럼 창고를 짓고 한 끼니의 몫을 넘어 새순을 쟁이고 나중에는 금융자산으로까지 변형시킨다면 평화는 불가능합니다. 그래서 정선생은 말합니다. "내 몫이/ 문득 궁금해 어림해보니/ 서너 평에 심은 것들로도 넘치는 것을/ 무슨 욕심에 이다지도/ 힘에 부치는 일 벌여놓고/ 애간장만 태우는지// 어쩌면 다가오지도 맞이할 수도 없는/ 허황한 미래에/ 부질없는 걱정 얹어놓고/ 웃음마저 잃고 사는가"(「고라니 노린재보다 못난 놈」 3,4연). 생명적 관계의 세계가 비록 소름끼치게 무서운 생존 싸움의 장이기는 하지만 "내 몫"을 넘어서는 욕심을 부리지 않는다면 평화로운 풀밭처럼 됨을 본 것입니다. 물론 이런 일은 인간세계에서 쉽지 않을 것입니다. 이미 현대 삶의 방향은 욕망을 극대화하는 쪽으로 내달리기 시작했습니다. 우리는 그런 문화 안에서 태어나고 자라서 인간성 또한 그런 틀을 벗어나지 않습니다. 욕심으로 무거워진 인간, 힘에 부쳐 애간장 태우는 인간, 웃음마저 잃은 인간, 도무지 지금 여기(now and here)를 살 수 없는 인간이 되었습니다. 참말로 고라니 노린재의 눈으로는 도저히 이해되지 않는 삶이 된 것입니다.

그렇다면 우리의 문화를 어떻게 가져가야 하겠습니까?

― 제 몫에 족(足)하고 욕심을 덜어내는 방향입니다.

문화는 욕망에 반대편에서 작용해야 하는 것입니다. 정선생은 이를 자신의 윤리로 가진 듯합니다. 그래서 '반역'일 수도 있는 바람으로 다음처럼 말합니다.

    학교는 말이지
    영혼을 담는 방법 가르치는
    가난한 글쟁이와

유화물감 씹어대며 마음을 그리는 그림쟁이와
운동장에서 환장하게 뛰놀게 하는
국가대표 탈락 체육선생과
피아노 건반 째즈로 두드리다
유학도 못 간 음악쟁이와
호미 하나로 창조의 신화를 일구는 농투산이만
있으면 되지

초등학교 조카손주
좋아하지도 않는 노래만 가르치고
지루한 수학이나 가르치는 것 싫으니
제일 뒷자리에 앉혀달라는 그놈
딱 그놈

내 평생 받은 월급봉투에
그 반역이나 한 줄 새겨져 있을까

―「일기」부분


## 4. 관계적 삶을 풍요케 하는 나눔의 지혜

"서로가 서로를 묶는/ 모든 결들"(「결」에서)의 복합체로

서의 관계세계는 그 묶음이 외부적이지 않습니다. 서로의 존재적 필요가 서로를 묶는 것입니다. 그래서 정선생은 관계를 '결대로 따라가다 보면/ 또 다른 손길이 끌어' 당긴다고 했던 것 같습니다. 이 말은 결국 서로 몫의 일을 더 잘하여 넘쳐흘러가는 나눔이 되고, 그 나눔이 사방팔방으로 필요의 관계로 엮이는 것을 의미합니다. 그래서 관계세계는 외부적인 요청이나 명령에 의한 묶음이 아니라 내부적인 필요와 나눔에 의한 엮임입니다. 그런 필요와 나눔이 자연함에 이를 때 스스로 그러한 풍요로운 관계가 됩니다.

이런 이치가 통하는 다음 시가 가슴에 와 닿습니다.

예전 기계와 자재는 일본말
요즘 기계와 자재는 미국말
가끔 독일 스위스 말 없어서
못해도 3개국 말은 해야지

인부 다섯 중
김사장 네와 15년째 일한다는 모씨
성격은 급한데 기술 딸리고
기계 사용법도 이름도 익숙하지 않아

샌드위치패널 자르라 했더니

샌드위치 한입 돌려 베어 문 자국 나게 잘라

기계 빼앗기고 혼줄 나고

너트 조이랬더니 렌치 덜 끼우고 돌리다가

기계 조진다고 구박받고

물 마시고 담배 피는 횟수는 더 많은데


그나마 다행이지

설음 타지 않는 성격인지 슬픈 얼굴은 아니네

좀 부족해도 팀에 껴서 15년째

밥벌이 다니는 것 보니

성격도 한몫이네, 모씨


하루 마감하며

기계 챙긴 후 슬쩍 다가와

사장님, 혹시 소주 마시다 남은 것 있어요?

―「샌드위치 패널」전문


　모씨는 "성격은 급한데 기술 딸리고/ 기계 사용법도 이름도 익숙하지 않아" 부족한데도 어떻게 15년째 인부 네 명과 한 팀이 되어 일할 수 있었던 것일까요? 물론 일관계가 우선되니 부족한 면을 참고 견뎌준 네 명의 배려가 컸을 것이지만 그것 때문만 이었을까요? 또 "그나마 다행이지/ 설음 타지 않는 성격" 때문만 이었을까요? 그것만은 아니었을 겁니다. 15년째 함께 할 정도라면 그런 성격이기에 나머지 네 명은 할 수 없는 그만의 어떤 몫을 나누고 있을 거라 여겨집니다. 그 몫을 시인은 "성격도 한몫이네, 모씨// 하루 마감하며 / 기계 챙긴 후 슬쩍 다가와/ 사장님, 혹시 소주 마시다 남은 것 있어요?'라는 모습에서 추측해 보라고 합니다. 어쩌면 역설적이게 모씨의 부족함이 다른 네 명의 기술자와 나눌 수 있고 줄 수 있는 그만의 특별함일지 모릅니다. 공사현장의 곤두선 긴장을 모씨의 부족함이 어이없이 풀어주기도 하고, 풀어졌을 때는 다시 조이기도 하는 그만의 특별한 몫 말입니다. 그에 대한 생명적 관심과 나눔이 서로를 끌어당기며 풍요로운 관계로 엮었을 것입니다.

정선생의 눈에 이런 나눔으로 엮인 관계의 풍요가 보인 것입니다.

그런데 이런 나눔의 관계적 세계가 보이고 상상되면 긍정의 마음이 열립니다.

첫째, 모든 존재를 필연으로 받아들입니다.

둘째, 그러므로 이 세상에 없어도 좋을 것은 없다고 생각하며 긍정적 생명 나눔의 관계로 만들려고 합니다.

셋째, 도덕적 선의를 넘어선 생기로운 자연함의 관계이고자 합니다.

넷째, 나눔의 관계적 능력을 더 크게 이루는 것을 높은 가치로 생각합니다.
 그래서 다음 시가 마음을 붙잡습니다.

> 완두콩을 까며
> 종자로 쓸 만한 놈들을
> 따로 놓는다
> 꼬투리 하나에 세 놈만
> 들어앉은 것들이 더 토실토실 하네
> 종자로 좋겠다 하다가
> 아니지 요놈들은 필시
> 제살 찌울 궁리만 했을 게야, 밀어놓는다
> 그래 좀 작아도 다섯 놈
> 이마 좀 더 확실하게 찌그러지고
> 서로 부대낀 놈들이
> 맨살 땀 냄새도 싫어하지 않을 놈들이지
> 가슴 뜨거운 놈들이지
> 종자는 그런 놈이 돼야지
> 종자가 꼭
> 크고 토실할 이유는 없지
>
> ―「종자의 자격」 전문

 종자의 자격으로 "서로 부대낀 놈들"과 "맨살 땀 냄새도 싫어하지 않을 놈들"을 드는 까닭이 무엇이겠습니까? 보통의 눈에는 상품성이 떨어지는 것들임에도 관계적 삶을 더 몸에 새긴 놈들이기 때문입니다. 한 꼬투리에 세 개 들어 있는 놈들이나 다섯 개 들어 있는 놈들 모두 제 몫의 삶을 살았고, 그래서 그 누구도 부정의 대상으로 생각하지는 않지만 그래도 '종자'로 치면 생명적 나눔의 능력을 더 많이 저장하고 있는 것, 조금 작더라도 "가슴 뜨거운 놈들"을 더 긍정하게 되는 것입니다. 이는 지역사회에서 32년 교직생활을 한 정선생의 경험칙(經驗則)일지도 모릅니다. 퇴직 후 시작한 텃밭농사가 가르쳐준 자연함의 이치일지도 모릅니다.

이렇게 시인은 나눔을 풍요로운 관계의 지혜로 생각합니다.

그래서 자기 나눔을 자기성장과 대립시키는 것은 옳지 않습니다. 앞서 말한 바와 같이 관계적 삶에서의 나란 관계의 종합일 뿐입니다. 그렇기에 나눔 관계가 많아지는 것은 자기성장의 필요조건입니다. 하지만 이것을 필요충분조건이 되게 하는 것은 여전히 몫의 자기를 지독하게 다하려는 강한 힘입니다.

그래설까요, 다음 시에서 진하게 느껴지는 시인의 자부심과 연민은?

　　바람에 날리는 순간에도

쥐똥나무 열매는
발붙일 땅을 찾았으리라
떨어져 떨어져서
부드러운 흙 가슴 어디쯤이면 좋았을 텐데

하필 벽돌 담장 시멘트 몰탈 위,
독성조차 사람 죽인다는
그곳에 뿌리 내렸다
벽을 부수고 시멘트 가르며
굵은 뿌리 내려 보거라

물기도 없는 벽돌 틈에서
흔들흔들 웃고 있다
쥐똥나무

―「그만하면 됐다」 전문

 이상이 제가 정선생의 첫시집을 맥락 잡아 읽은 바입니다. 그리고 그 걸음이 "나는 비로소 늙은 자유의 초로에/ 글을 쓰고 돈도 버리고/ 새벽이나 대낮이나 시간 어름 없는/ 텃밭에서, 상추 오이 고추/ 물방울 대롱거리는 것들과/ 행복한 일기를 쓴다/ 숙제검사 없는 일기를 쓴다"(「일기」 마지막 연)에 이르고, 다시 "초침은 또 하루의 목숨을 재촉한다,

째깍/ 죽는 순간까지 절망을 모를/ 모든 생명들"(「오월 늦봄」에서)에 이르도록 넘어서고자 한다고 여겨집니다. 이런 방향성 또한 정선생이 바라는 바 생명적 숨결을 따르는, "허참!/ 속 다 내주고도/ 씨눈 하나 남았다고/ 싹을"(「벌레먹은 완두콩 새싹처럼」에서) 틔우는 자기 생명의 숨결을 다하는 삶이겠지요.

헌데 이렇게 뭔가 아는 척하며 글을 썼는데도 모르는 그 얼굴이 정말 궁금합니다.

언제 좋은 날 뵙게 되면 행여 '술집 무심히 지나치는 일' 없었으면 좋겠습니다.